1884 Mai 26

79

TABLEAUX

PAR

H. C. Delpy

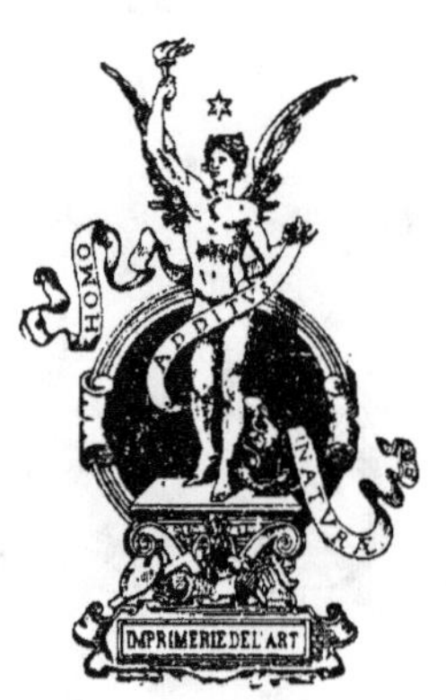

HOMO
ADDIT
NATVRÆ
IMPRIMERIE DE L'ART

CATALOGUE

DE

TABLEAUX

PAR

H. C. Delpy

DONT LA VENTE AURA LIEU

HOTEL DROUOT, SALLE N° 3

Le Lundi 26 Mai 1884, à 3 heures 1/2 précises

Par le Ministère de Me **LÉON TUAL**, commissaire-priseur,

39, rue de la Victoire, 39

Assisté de **M. BERNHEIM jeune**, expert,

8, rue Laffitte, 8 .

EXPOSITIONS

PARTICULIÈRE	PUBLIQUE
Le Dimanche 25 Mai 1884	Le Lundi, jour de la vente, 26 Mai 1884
DE 1 HEURE A 5 HEURES	DE 1 HEURE A 3 HEURES

CONDITIONS DE LA VENTE

Elle sera faite au comptant.

Les acquéreurs paieront cinq pour cent en plus des prix d'adjudication.

Paris. — IMPRIMERIE DE L'ART, J. Rouam, imprimeur-éditeur,
41, rue de la Victoire.

H. C. DELPY

Je ne me souviens plus de qui est cette belle défi-
nition : « L'art, c'est la Nature vue à travers une âme
humaine. » Mais je n'en sais pas de plus juste et de
plus vraie. Il en faut conclure d'ailleurs que l'art, dans
ce sens élevé du mot, a fort peu de chose à voir dans
l'immense sécrétion picturale à laquelle nous assistons
depuis dix ans environ. Jamais, à aucune époque, le
talent ne fut aussi parfaitement à l'état diffus, indivis,
pour ainsi parler, et insoucieux de la personnalité
réelle. Tout le monde en a ou paraît en avoir. On
semble naître le métier en main et les jeunes gens en
savent plus (de ce qui s'apprend, s'entend) que les
maîtres d'autrefois. J'ai, pour les bons ouvriers, une
grande estime et je ne me plains pas de cette habileté
universelle qui tient, au demeurant, l'École française
à un bon niveau. Mais je pense, après lui avoir rendu
cette justice, qu'il y a un au-delà, et qu'en peinture,
l'émotion, la sincérité et la poésie ne sont pas des
vocables morts. Je goûte, tout comme un autre, un
joli ragoût de palette ou un empâtement heureux,
mais quand je rencontre, en même temps, sur
une toile, la sincérité d'une impression et la trace
impalpable d'une pensée, j'en jouis infiniment davantage. En un mot, j'aime à pénétrer l'âme à travers
laquelle la Nature a été vue

Ils sont rares aujourd'hui ceux qui prennent la peine
de nous donner cette joie. C'est le travail de leurs
doigts simplement qu'ils nous livrent, le produit de
leur expérience du pinceau. C'est déjà beaucoup
sans doute, mais ce n'est pas assez pour les délicats
et pour les sensibles. C'est pour avoir trouvé autre
chose dans l'œuvre de M. H. C. Delpy que j'ai solli-
cité l'honneur d'en faire ressortir le caractère en
quelques lignes hâtives.

Tout d'abord la question d'exécution est hors de

cause. Élève de Corot et de Daubigny, M. H. C. Delpy sait son métier aussi bien que qui que ce soit, sans imiter d'ailleurs aucun de ses deux maîtres, en admettant qu'il soit possible de peindre le matin sans rappeler Corot ou certains effets de vigueur sans faire penser à Daubigny. Car ces deux immortels artistes se sont si fort rapprochés de la Nature, qu'on les retrouve sans cesse dans celle-ci. Je ne parlerais même pas d'un peintre qui ne saurait pas bien peindre avant tout. C'est excellemment, en effet, qu'Émile Deschamps a écrit : « En art, la forme n'est rien, mais rien n'est sans la forme. » Je laisserai cependant de côté les belles qualités de facture des toiles actuellement soumises au public, pour ne m'occuper que de leur esprit.

Un fait me frappe tout d'abord : l'immense variété des sujets, la grande diversité des impressions. C'est déjà un gage de sincérité. Car celui qui se condamne à des redites, en art, le fait surtout pour dépenser son acquis, sans prendre la peine de chercher à nouveau. Mais l'artiste dont l'âme est toujours en éveil devant les innombrables spectacles de la vie ne rencontre jamais deux fois une note identique. Car il n'y a pas deux ciels absolument pareils, la mer ne se montre pas deux fois semblable de tous points à elle-même. Il faut une grande subtilité de sens, j'en conviens, une finesse d'organisation singulière, pour saisir ces imperceptibles dissemblances et les faire saisir aux autres. Mais je ne sais pas non plus de mérite qui me touche davantage. A mesure que nous apprenons, en effet, que nous contemplons, que nous vivons par l'esprit, notre admiration s'accroît pour cette création continue qui renouvelle sans cesse l'univers sous nos yeux.

Cette flexibilité d'impression, cette aptitude à comprendre et à interpréter les délicatesses extrêmes du paysage sont pour moi la caractéristique du talent de M. H. C. Delpy et me le rendent particulièrement sympathique. L'homme, chez lui, ne s'est pas désintéressé de l'œuvre et je sens de réels attendrissements, d'intimes vibrations, des émotions vivaces dans la plupart de ses tableaux, sinon dans tous. Il semble que beaucoup de ces choses aient été vues à deux et comme dans une atmosphère de tendresse, sous l'impulsion de joies communes ou de tristesses partagées. Car nous emportons, pour ainsi dire, avec nous, l'air dans lequel se meut tout ce qui nous entoure, et le paysage se transforme, même pour nos regards, quand nous le voyons à travers des espérance ou des souvenirs, le sourire d'une amie ou nos propres larmes.

Ceux de M. Delpy me semblent avoir toujours été vus ainsi. En même temps que la vérité de la nature ils ont le charme du Rêve, ce qui n'a rien d'imcompatible, croyez-le bien. Le Rêve est pareil à ces brumes aurorales qui, tout en estompant les contours, laissent aux masses leur vérité puissante, nous laissant deviner, comme par une coquetterie céleste, ce que leur voile ne cache qu'à demi. Oui, c'est un rêve et un rêve charmant que ce *Lever de lune à Villerville*, et cependant tout y est exact et nulle image d'un site ne fut plus fidèle. Mais ce n'est pas un site seulement. La même sincérité de vision dans un sentiment plein de mélancolie se retrouve avec l'*Effet de neige à Dordrecht*, et la pensée s'attarde à suivre le vol des corneilles s'éparpillant autour de la solitude du moulin. Ceux qui ont visité la Hollande savent combien l'atmosphère spéciale de ce pays, bien transparente, mais très enveloppante aussi, très vibrante mais pourtant rassérénée comme par une buée d'argent, convient à ces évocations d'une idée dans un paysage. Le secret des grands peintres qui y sont nés et de la glorieuse école de Harlem n'est pas ailleurs. Arrêtons-nous donc aussi devant le *Printemps à Dordrecht* où les gaietés matinales sont faites de lumière. Voici encore un soleil couchant et un soleil levant dans la même campagne qui en montrent deux aspects bien divers, mais confondus dans la même tranquillité originelle.

Et notre paysage français. Nous le retrouvons aussi dans son infinie variété : sauvage, dramatique, puissant à *la pointe du Ratz* où la mer semble plonger comme une lame d'acier, dans la *Mer de Cancale*, secouée par les fureurs du vent; plein de coquetterie et de fraîcheurs émouvantes dans *la Rosée à Bois-le-Roi*, dans *les Premières feuilles aux bords du Morin*, toile d'un sentiment décoratif exquis, blonde comme un soleil d'avril; inondé de soleil à *Berneval près Dieppe*, avec des mares qui dessinent des coulées d'or ou d'argent au seuil des chaumières; recueilli sous la lumière tamisée par de légers nuages. comme en *Mai*; animé par une foule vivante aux types innombrables comme dans *le Port de Dieppe*.

M. C. Delpy n'a reculé devant aucun effet et je dois signaler, parmi ses audaces les plus heureuses, le *Soleil couchant après l'orage, à Condé*, avec son fond d'or déchiré par la fuite des nuages, une de ses plus belles impressions à mon avis. Ainsi, tour à tour fougueux devant les sites sauvages, attendri devant les enchantements de la nature, toujours poète et participant à la grande vie des choses, son noble talent semble s'être multiplié avec les spectacles que rencontraient ses yeux. Rien d'indifférent dans son œuvre. Partout la trace d'une émotion et comme le frôlement d'aile d'une pensée. C'est cette portée intellectuelle, pour ainsi parler, qu'ont ses tableaux, sur laquelle il m'a plu d'insister. Elle suffirait à lui constituer une originalité réelle dans le monde pictural contemporain et j'estime que les amateurs auront raison d'en tenir compte. Les morceaux bien peints sont de tous les temps et ne manquent pas ici. Mais la poésie communicative qui fait rêver n'est pas moins immortelle, et la Joconde vit autant par son énigmatique sourire que par son admirable exécution.

ARMAND SILVESTRE.

20 Mai 1884.

DÉSIGNATION

---

1 — *Berneval, près Dieppe.*

Haut., 33 cent.; larg., 6o cent.

2 — *A la pointe du Ratz (Finistère).*

Haut., 33 cent.; larg., 6o cent.

3 — *Lever de lune, à Villerville (Calvados).*

4 — *Soleil levant; bords du Morin.*

Haut., 57 cent.; larg., 75 cent.

5 — *La Grenouillère, à Chatou.*

Haut., 41 cent.; larg., 75 cent.

6 — *Les Sables, à Audierne (Finis-*
tère).

Haut., 33 cent.; larg., 6o cent.

7 — *Environs de Dordrecht; prin-*
temps.

Haut., 33 cent.; larg., 6o cent.

8 — *Bords de l'Oise, à Auvers (Seine-*
et-Oise).

Haut., 5o cent.; larg., 88 cent.

9 — *Les Roches noires, à Cancale.*

Haut., 33 cent.; larg., 60 cent.

10 — *Coucher de soleil, à Villerville.*

Haut., 33 cent.; larg., 60 cent.

11 — *Dordrecht; effet de neige.*

Haut., 50 cent.; larg., 1 mètre.

12 — *Matinée de printemps, à Condé*
(Seine-et-Marne).

Haut., 30 cent.; larg., 45 cent.

13 — *Marine; soleil levant.*

Haut., 33 cent.; larg., 60 cent.

14 — *Entrée du port de Dordrecht.*
Haut., 50 cent.; larg., 1 mètre.

15 — *Lever de lune, à Auvers (Seine-et-Oise).*
Haut., 33 cent.; larg., 60 cent.

16 — *La Plaine de Chartrettes, à Bois-le-Roi.*
Haut., 32 cent.; larg., 55 cent.

17 — *Soleil couchant, à Condé (Seine-et-Marne).*
Haut., 41 cent.; larg., 33 cent.

18 — *Crépuscule.*
Haut., 33 cent.; larg., 60 cent.

19 — Bords de l'Oise, à Auvers.

Haut., 29 cent.; larg., 54 cent.

20 — Entrée de Brolles; effet de neige
(Seine et-Marne).

Haut., 33 cent.; larg., 60 cent.

21 — Soleil levant, à Dordrecht (Hollande).

Haut., 33 cent.; larg., 60 cent

22 — Les Premières Feuilles; bords du
Morin.

Haut., 75 cent.; larg., 57 cent.

23 — Bords du Morin; printemps.

Haut., 57 cent.; larg., 75 cent.

24 — *Mai.*

Réduction du Salon de 1884.

Haut., 61 cent.; larg., 1 mètre.

25 — *Villerville (Calvados).*

Haut., 50 cent.; larg., 88 cent.

26 — *Effet de lune; bords de l'Oise.*

Haut., 33 cent.; larg., 60 cent.

27 — *La Mer à Cancale (Ille-et-Vilaine).*

Haut., 33 cent.; larg., 60 cent.

28 — *Environs de Melun.*

Haut., 33 cent.; larg., 60 cent.

29 — Grande Marée, à Dieppe.

Haut., 33 cent.; larg., 60 cent.

30 — Soleil couchant après l'orage, à
    Condé.

Haut., 41 cent.; larg., 32 cent.

31 — Clair de lune, à Villerville (Cal-
    vados).

Haut., 41 cent.; larg., 32 cent.

32 — Moulin près Condé (Seine-et-
    Marne).

Haut., 27 cent.; larg., 46 cent.

33 — Soir, à Chatou.

Haut., 22 cent.; larg., 27 cent.

34 — *Villerville; marine.*

Haut., 27 cent.; larg., 35 cent.

35 — *Effet de neige.*

Haut., 24 cent.; larg., 34 cent.

36 — *Soleil couchant, à Dordrecht.*

Haut., 24 cent.; larg., 34 cent.

37 — *Le Port de Dieppe.*

Haut., 24 cent.; larg., 34 cent.

38 — *La Rosée, à Bois-le-Roi.*

Haut., 60 cent.; larg., 33 cent.

39 — *Marée basse, à Cancale.*

Haut., 33 cent.; larg., 60 cent.

40 — *Environs de Dieppe.*

Haut., 33 cent.; larg., 60 cent.

41 — *Crépuscule.*

Haut., 27 cent.; larg., 46 cent.

42 — *Cancale; la mer.*

Haut., 52 cent.; larg., 1 m. 4 cent.

43 — *A la pointe du Ratz (Finistère).*

Haut., 61 cent.; larg., 1 mètre.

44 — *Environs de Dordrecht (Hollande).*

Haut., 60 cent.; larg., 73 cent.

45 — *A travers champs, à Bois-le-Roi.*

Haut., 80 cent.; larg., 1 m. 10 cent.

46 — *Le Château Gaillard, aux Andelys; soleil couchant.*

Haut., 44 cent.; larg., 80 cent.

47 — *Le Port de Dieppe.*

Salon de 1884.

Haut., 1 m. 25 cent.; larg., 2 mètres.

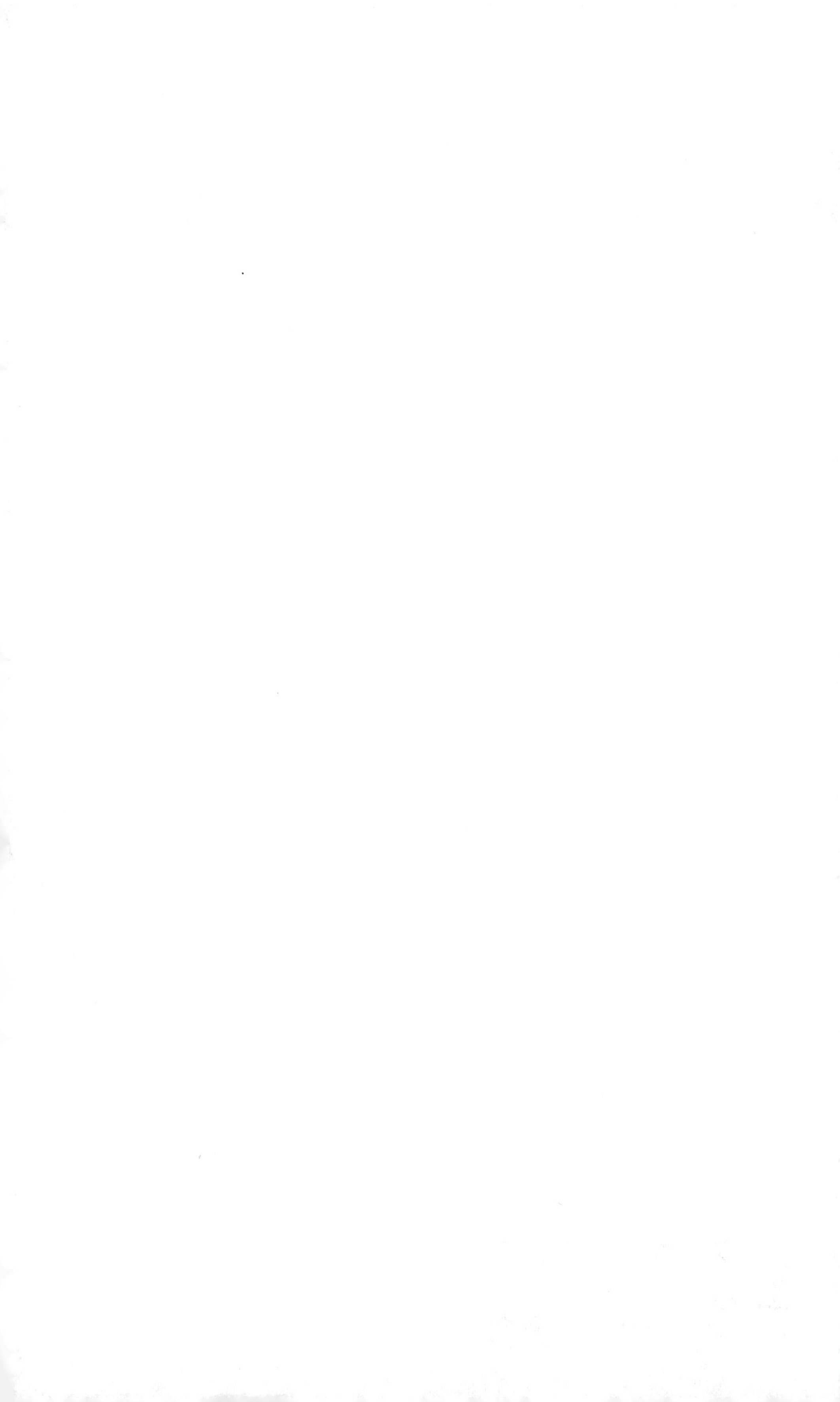